Linguaggio Del Corpo

I Segreti Per Comunicare E Attrarre Le Persone

(Padroneggiare L'arte Della Comunicazione Non Verbale)

Caio Costa

Traduzione di Daniel Heath

© **Caio Costa**

Todos os direitos reservados

Linguaggio Del Corpo: I Segreti Per Comunicare E Attrarre Le Persone (Padroneggiare L'arte Della Comunicazione Non Verbale)

ISBN 978-1-989808-89-4

TERMINI E CONDIZIONI

Nessuna parte di questo libro può essere trasmessa o riprodotta in alcuna forma, inclusa la forma elettronica, la stampa, le fotocopie, la scansione, la registrazione o meccanicamente senza il previo consenso scritto dell'autore. Tutte le informazioni, le idee e le linee guida sono solo a scopo educativo. Anche se l'autore ha cercato di garantire la massima accuratezza dei contenuti, tutti i lettori sono avvisati di seguire le istruzioni a proprio rischio. L'autore di questo libro non potrà essere ritenuto responsabile di eventuali danni accidentali, personali o commerciali causati da un'errata rappresentazione delle informazioni. I lettori sono incoraggiati a cercare l'aiuto di un professionista, quando necessario.

INDICE

parte 1 1

Introduzione 2

Capitolo 1: Introduzione Al Linguaggio Del Corpo 4

COMUNICARE SENZA PAROLE 5
IMPARARE A TRASMETTERE I MESSAGGI GIUSTI 6

Capitolo 2: Le Basi Del Linguaggio Del Corpo 8

IL CORPO COME SPECCHIO DELL'ANIMA 8
MOVIMENTI BASE 9
UNA LISTA DI MOVIMENTI IMPORTANTI 14

Capitolo 3: Il Linguaggio Nascosto 18

DECIFRARE L'INDECIFRABILE 18
COME SFRUTTARE LO SGUARDO 19
LA DISTRIBUZIONE DEL PESO 20
LA POSTURA 20
TENSIONE 21
I TUOI MOVIMENTI 22

Capitolo 4: Come Trarre Vantaggio Dalla Comunicazione Non Verbale 24

SFRUTTARE IL LINGUAGGIO DEL CORPO PER PERSEGUIRE UN OBIETTIVO
.... 24
SFRUTTARE IL LINGUAGGIO DEL CORPO NELLA VITA REALE 29

Capitolo 5: Il Rovescio Della Medaglia 32

IL RISCHIO DI PENSARE TROPPO 33
LUNGHEZZA D'ONDA 34
MOVIMENTI GOFFI E ESAGERATI 34
MANCANZA DI ESPRESSIVITÀ 35
SEGNALI CONTRASTANTI 35

Capitolo 6: Come Padroneggiare Il Linguaggio Del Corpo .. 37

1. TANTA PRATICA 38

2. Criticarsi Costruttivamente 38
3. Non Sezionarti 38
4. Sii Realistico Nelle Aspettative 39
5. Interpreta E Decifra 39

Conclusione 41

Parte 2 42

Introduzione Al Linguaggio Del Corpo 43

L'arte Della Menzogna 45

I Segreti Della Seduzione E Dell'attrazione Sessuale 54

I Segnali d'allarme Della Rabbia E Dell'aggressività 65

Gli Ostacoli Dell'insicurezza, L'ansia E Lo Stress 73

I Temi Della Depressione E La Tristezza 83

La Gioia Della Felicità Autentica 89

Altre Osservazioni 93

Considerazioni Finali 98

Parte 1

Introduzione

Voglio ringraziarti aver scaricato questo libro.
Noi tutti usiamo il linguaggio del corpo talmente spesso e senza pensarci che sono pochi ad accorgersi di quanto influisca incredibilmente nelle nostre vite, nelle relazioni e anche nella nostra carriera.
Il linguaggio del corpo è uno strumento che puoi utilizzare per costruire una personalità vincente. Se non ti rendi conto di quanto i tuoi insuccessi siano legati al modo in cui ti vendi agli altri, sono pochi i traguardi che riuscirai a raggiungere nel tuo cammino.
Per fortuna, tutti possono imparare a sfruttare il linguaggio del corpo a proprio vantaggio. Non c'è bisogno di esperienza pregressa, il linguaggio del corpo è parte di te, devi solo affinare le tue conoscenze.
Le soddisfazioni arriveranno quando imparerai a utilizzare la comunicazione non verbale nel momento e nel posto giusto, conseguendo il meglio da ogni situazione e incontro. Il testo ti spiegherà

quali sono le strategie da adottare per vincere.

È possibile cambiare a poco a poco, se c'è perseveranza. Ogni piccola vittoria ti avvicina alla realizzazione del tuo obiettivo. Il primo passo che hai fatto, è stato proprio scaricare questo testo.

Siamo pronti per cominciare. Impara a comportarti a dovere, e saranno le occasioni a cercare te!

Capitolo 1: Introduzione al Linguaggio del Corpo

Che cos'è esattamente il linguaggio del corpo? Se ne sente parlare continuamente e per questo motivo credi di sapere cosa sia. Sei sicuramente consapevole dei vantaggi che puoi ottenere sfruttando il linguaggio del corpo a tuo vantaggio, e per questo adesso stai leggendo questo libro: per capire come diventare un esperto di decifrazione e interpretazione degli altri e per valorizzare te stesso.

Il linguaggio del corpo è allo stesso tempo un concetto semplice e complesso. Per definizione, è una forma di comunicazione non verbale, conscia o inconscia. È il modo in cui comunichi il tuo stato d'animo agli altri senza che ne parli apertamente. Ti sarà successo di utilizzarlo in modo appropriato e vantaggioso in qualche rara occasione. Eppure sei certo di aver saputo nascondere, agli occhi di chi ti guardava, l'imbarazzo, il disagio, lo stress che in un determinato momento provavi?

Comunicare Senza Parole

Il linguaggio del corpo è una forma di comunicazione incredibilmente efficace che non richiede l'uso di parole. È importante decifrare i messaggi silenziosi che i tuoi interlocutori ti mandano, così come è indispensabile utilizzare il linguaggio del corpo per trasmettere i segnali giusti. Sei sicuro che i tuoi messaggi non verbali combacino sempre con le parole che stai pronunciando?

Riuscire a controllare i messaggi del corpo che inviamo consciamente può risultare difficile; la vera sfida è capire cosa il corpo sta dicendo quando a dominare il tuo comportamento è l'inconscio. In questo libro analizzeremo la definizione di linguaggio non verbale dall'angolazione giusta: una fluidità che ha una struttura complessa e articolata.

Il linguaggio del corpo è antico come il fuoco. Prima che gli esseri umani conoscessero la comunicazione verbale, si capivano utilizzando gesti, movimenti delle braccia o semplicemente puntando il dito. Oggi, il linguaggio verbale è un altro dei modi con cui possiamo comunicare, proprio come i nostri antenati riuscivano a capirsi senza l'uso di parole anni e anni fa.

Imparare a Trasmettere i Messaggi Giusti

Per il momento, ci concentreremo sulla comunicazione non verbale a livello conscio. Esiste un modo per padroneggiare il linguaggio del corpo a proprio vantaggio e, per quanto difficile, non stiamo certo parlando di astrofisica. Con il giusto impegno, si possono ottenere risultati immediati.

Il linguaggio del corpo è utilissimo specialmente per alcuni tipi di lavoro. Quante volte ti capita di guardare con la coda dell'occhio il tuo collega che cammina così spavaldo e che tutti sembrano rispettare. La buona notizia è che un giorno anche tu potrai comportarti allo stesso modo, emanando un'aura di sicurezza e suscitando immediata e genuina ammirazione. Perché il linguaggio

del corpo è un'arte che, se davvero lo vuoi, impari a padroneggiare. È probabile che tutte quelle persone che conosci, quelle che ammiri per la loro personalità, si trovavano un tempo dove sei tu adesso.
Ecco cosa faremo in questo libro.
Per cominciare, analizzeremo i movimenti di tutte quelle persone che, a guardarle, hanno una personalità che non passa inosservata. Studiandone i movimenti, riuscirai poi ad appropriartene, e a migliorare quindi il tuo modo di muoverti.
Capire quali sono le mosse giuste da fare ti porta a imitare quelle vincenti; in questo modo riuscirai a sfruttare il linguaggio del corpo al meglio non soltanto nel contesto lavorativo ma anche a livello interpersonale.
E adesso, cominciamo.

Capitolo 2: Le Basi del Linguaggio del Corpo

In seguito alla breve introduzione del capitolo precedente sul linguaggio del corpo in generale, è arrivato il momento di esaminarne le basi. Questo capitolo ti aiuterà a riflettere su quanto sai già sull'argomento e come incorporarlo nella tua vita.

Ci concentreremo sui segnali cosci. Non è possibile manipolare la comunicazione non verbale inconscia dato che essa è frutto del tuo stato d'animo ed è quindi incontrollabile, a meno che non impari a cambiare o a dissimulare il tuo malumore.

Il Corpo come Specchio dell'Anima

C'è uno stretto legame fra il corpo e la mente, ed è per questo che i nostri sentimenti sono messi a nudo più dagli sguardi e dai gesti che non dalle parole.

Prova a ricordare di quella volta che ti sentivi ansioso, stressato, o anche fuori posto. Fai uno sforzo e pensa a come ti sei comportato in quel momento.

È una reazione comune, quando ci si sente assaliti da un sentimento di inadeguatezza, quella di sentirsi tesi. Rigidità o movimenti frenetici sono tipici di chi non riesce a rilassarsi e a riposare. L'insicurezza appartiene a tutti coloro che camminano a testa bassa. Incrociare le braccia è un movimento subconscio motivato dall'imbarazzo. Sedere a gambe incrociate fa capire agli altri che ti senti ansioso.

Pensa a questo fenomeno da un punto di vista pratico: quando incroci le gambe o le braccia, il tuo corpo tende ad arricciarsi quindi diventa più piccolo. Vuol dire che stai cercando di nasconderti, nella speranza vana di battere le palpebre e ritrovarti da qualche altra parte. Mentre leggi le pagine che seguiranno, tieni bene a mente quanto appena letto.

Movimenti Base

In questo capitolo analizzeremo il linguaggio del corpo base, quello che interviene nella tua quotidianità più spesso di quanto ti sia mai reso conto.

Sono molte le parti del corpo a essere coinvolte, e l'efficacia delle nostre parole dipende dal modo in cui comunichiamo oltre che dal contenuto stesso del messaggio.

Non dimenticare che, semplicemente salutando una persona, le stai facendo capire come ti senti in quel momento.

Tieni questo bene a mente mentre procedi nella lettura.

1. Il Corpo

Dal collo in giù. Il modo in cui siedi, stai in piedi o ti muovi, permette agli altri di capire come ti senti mentre parli con loro. Chi è già in grado di sfruttare il linguaggio del corpo, presta attenzione a cose come la divaricazione delle gambe dell'interlocutore mentre è in piedi. Muovere troppo le mani, giocherellare con le dita, sono segnali che possono essere interpretati negativamente.

2. La Testa

Approfondiremo l'argomento in seguito. Per adesso è importante sapere che ogni cenno della testa nasconde un pensiero o un sentimento. La testa è un punto focale del linguaggio del corpo. Pensa al modo in cui la usi. C'è una differenza di personalità fra le persone che camminano a testa alta e quelle che invece si guardano i piedi. Avere il collo teso durante una conversazione, è sinonimo di stress. Invece di abbassarla e guardare il pavimento, alza il mento e guardati intorno. Non cercare di renderti invisibile nascondendo lo sguardo. Ed evita di grattarti la faccia, o di serrare le labbra. Non hai niente da temere.

3. Apertura e Chiusura

Ci sono due tipi di persone, quelle che comunicano con un linguaggio del corpo aperto oppure chiuso. Nel primo caso, hai di fronte una persona propensa alla comunicazione. Non avendo motivo di nascondersi, non temendo il giudizio degli altri, questa persona ha la testa alta, le spalle larghe e sì, ti guarda dritto negli occhi. Nel secondo caso, sono ansia e insicurezza a dominare. Il modo in cui tieni la testa, cosa guardano i tuoi occhi, la rigidità del collo, sono tutti fattori che giocano un ruolo importante nelle nostre interazione e influenzano il modo in cui gli altri ci vedono.

4. I Gesti

Gesticolare è naturale. Non bisogna eliminare i gesti, devi solo imparare a muoverti nel modo giusto. I gesti accompagnano le parole, e una totale assenza di questi porta gli altri a pensare che siamo spaventati dalla conversazione o insicuri riguardo quello che diciamo. Durante una presentazione in classe o al lavoro, muovere le mani e le braccia serve a tenere alta l'attenzione del pubblico e a sottolineare quanto discusso.

5. L'Efficacia del Linguaggio Diretto

È capitato a tutti di scovare un bugiardo che, mentre racconta una frottola, distoglie lo sguardo. Per evitare di essere frainteso dal tuo partner o calpestato dai tuoi colleghi e conoscenti per la tua insicurezza, quando parli, tieni sempre lo sguardo fisso sul tuo interlocutore. Non parlare a voce bassa, non balbettare, non parlare troppo velocemente e, soprattutto, non temere il giudizio degli altri distogliendo lo sguardo per controllare l'orologio. Comunica in modo diretto, cosicché chi ti ascolta, pensa che sai benissimo di cosa stai parlando e che sei sicuro di ciò che dici. La tua attendibilità aumenterà, migliorando la tua vita.

6. Camminare da Vincenti

Il primo passo che muovi in una stanza piena di sconosciuti è il tuo biglietto da visita. Il modo in cui cammini, che sia per strada o in un ambiente lavorativo, permette agli altri di capire come ti senti. Per camminare come un vincente tieni la testa alta e perpendicolare al collo, il petto in fuori e le spalle indietro. Non andare di fretta, chi ti guarda pensa che stia correndo a nasconderti. Tieni un'andatura normale e non evitare lo sguardo di chi incroci.

7. Presentarsi e Salutare

Quando ti presenti o quando saluti, stai facendo capire agli altri se sei una persona dal carattere forte oppure no.

Chiunque ti porga la mano, che sia un capo, un collega o un conoscente, stringi con forza, ma senza arrecare dolore. Sorridi e guarda negli occhi questa persona. Conoscere qualcuno è un'opportunità per fare scoperte interessanti, non motivo di imbarazzo. Non irrigidirti, anzi rilassa il tuo corpo più che puoi.

Una Lista di Movimenti Importanti

Quelli appena trattati sono movimenti che facciamo varie volte nell'arco di una stessa giornata. Di seguito troverai un glossario di movimenti da evitare e quelli invece che influiscono positivamente sull'opinione che gli altri costruiscono di te solo a guardarti.

1. Movimenti Consigliati

La tua postura deve essere imponente, ma rilassata.

Non temere di occupare spazio, non sei uno spreco.

Durante una conversazione non distanziarti troppo dal tuo interlocutore.

Tieni le braccia ai lati del corpo.

Divarica le gambe per la larghezza delle spalle.

Usa gesti per sottolineare un concetto.

Presentati stringendo la mano con decisione ma non con violenza.

Mantieni il contatto visivo.

Annuisci o sorridi quando sei d'accordo con qualcuno.

Muoviti alla giusta velocità, non affrettarti a meno che non desideri andare a nasconderti.

Sgombera lo spazio intorno a te da oggetti superflui che fanno da barriera contro gli altri.

2. Movimenti Sconsigliati

Non controllare l'orologio durante una conversazione.

Evita di puntare lo sguardo al pavimento mentre parli o ascolti.

Fissare con insistenza una persona non da una buona impressione.

Non muoverti freneticamente.

Per evitare di sembrare insicuri, non incrociare le braccia o le gambe.

Se qualcuno si avvicina per parlare, non aumentare la distanza fra te e il tuo interlocutore.

Evita di toccarti la faccia, stai cercando di nasconderla.

Toccarsi i capelli o i vestiti fa capire che sei agitato.

Sedere sul bordo della sedia è per chi non vede l'ora di andarsene.

Non tamburellare la penna o altri oggetti.

Batti le palpebre ma non troppo spesso.

Non invadere lo spazio personale del tuo interlocutore.

I sorrisi sono belli solo se spontanei.

Se ti senti rigido nei movimenti, rilassati.

Ci sono molti altri movimenti volontari o involontari che facciamo ogni giorno, questi elencati sono solo quelli più comuni. Le due liste sono sufficienti per istruirti sui movimenti giusti da fare. Non mancherai di fare degli errori, ma ricorda che questi sono solo dei ciottoli sulla strada da percorrere verso il successo.

Capitolo 3: Il Linguaggio Nascosto

Nel capitolo iniziale abbiamo parlato del linguaggio del corpo che utilizziamo in maniera inconscia e che, proprio per questa sua natura nascosta, sottovalutiamo o non siamo in grado di controllare.

Analizzeremo adesso alcuni di questi messaggi inconsci, cosicché tu possa riconoscerli. In questo modo, non solo sarai in grado di comunicare con il tuo corpo in maniera più efficace, ma imparerai anche a riconoscere le emozioni nascoste nel cuore degli altri.

Decifrare l'Indecifrabile

Sono i movimenti più piccoli e apparentemente insignificanti quelli che nascondono i tuoi veri sentimenti. Potresti trovare imbarazzante l'idea di non riuscire a nascondere il tuo stato d'animo bene come vorresti.

Di seguito, analizzeremo insieme alcune situazioni tipiche durante le quali hai comunicato i tuoi sentimenti senza volerlo, o fai fallito nel comprendere ciò che qualcuno tentava di dirti usando il corpo al posto delle parole.

Come Sfruttare lo Sguardo

Gli occhi sono lo specchio dell'anima. Gli occhi riescono a spiegare ciò che le parole non riescono.
Prova adesso a immaginare.
Mentre parli con qualcuno, cosa pensi se questa persona non ha lo sguardo rivolto verso di te, ma i suoi occhi guizzano da una parte all'altra? Avverti disagio, ansia, senso di colpa. Forse noia.
Ricorda sempre di guardare negli occhi le persone, bisogna essere coinvolti nella conversazione non solo con le parole, ma anche con lo sguardo e con i gesti. Non solo è cattiva educazione non guardare le persone negli occhi mentre ti parlano, è anche una cattiva abitudine e un modo per ammettere a chi hai di fronte che ti senti vulnerabile.

La Distribuzione del Peso

La distribuzione del peso è un altro modo inconscio di comunicare. È, infatti, provato che la distribuzione del proprio peso su una o su entrambe le gambe permette di decifrare le emozioni degli altri. Una persona che carica tutto il proprio peso su una soltanto delle due gambe sta cercando di dirti che preferirebbe essere altrove. Per dimostrare agli altri che ti senti a tuo agio, ricorda di distribuire il peso su entrambi i piedi e tieni le gambe leggermente divaricate all'altezza delle spalle.

La Postura

Una postura corretta in gioventù aiuta ad affrontare la vecchiaia in maniera meno dolorosa, aiutando a prevenire reumatismi e altri dolori.

Oltre alla salute, questa ti aiuta a migliorare la tua vita quando sei ancora nel fiore degli anni. Camminare o sedere con le spalle cadenti fa capire a chi ti guarda che ti senti a disagio. Cerchi di non farti notare, ottenendo l'esatto contrario e suscitando opinioni negative. Al contrario, la schiena dritta e un'adeguata distribuzione del corpo sulla sedia dimostrano fiducia verso la propria persona.

Quando cammini o sei in piedi, la schiena dritta ti farà apparire più alto rispetto a una postura cadente. Il collo ben teso in tutta la sua lunghezza, le spalle leggermente all'indietro fanno capire alle persone che ti guardano mentre cammini che non hai paura dei loro sguardi e del loro giudizio perché sai di valere.

Tensione

Stai parlando con qualcuno che ti sembra teso nel corpo o che parla con voce tremula?

La rigidità viene di solito vista come segnale di stress e paura, eppure a volte passa inosservata.

Prova a prestare attenzione ai movimenti degli altri durante una conversazione, a come muovono il loro corpo o le spalle. È lì che in genere si concentra la tensione.

I Tuoi Movimenti

Esistono due tipi di movimenti, quelli volontari e quelli involontari. Molti dei tuoi gesti involontari trasmettono chiari messaggi alle persone con le quali interagisci. Immagina di sederti a tavola con un gruppo di persone per una conversazione: l'angolazione che crea la persona che siede ultima dice molto riguardo al suo stato d'animo. Tieni sempre a mente il linguaggio del corpo diretto e indiretto quando siedi con il tuo capo o il tuo partner per avere una conversazione seria.

Movimenti forti e decisi fanno capire al tuo interlocutore che sei una persona sicura. Tuttavia, tieni a mente che l'ostentazione dimostra l'esatto opposto, ossia che si cerca di nascondere la propria insicurezza dietro una bugia.

I movimenti inconsci possono fare un'enorme differenza nella decifrazione del linguaggio del corpo. Essere consapevole dei più piccoli segnali nascosti facilita l'interpretazione dello stato d'animo altrui o le loro emozioni, devi solo imparare a usare questa conoscenza a tuo vantaggio.

Capitolo 4: Come Trarre Vantaggio dalla Comunicazione Non Verbale

Il linguaggio del corpo può avere un impatto positivo o negativo nella tua vita, e un po' di esercizio e di pratica ti aiuteranno a dare una svolta alle tue interazioni quotidiane in maniera positiva.
Sfruttando il linguaggio del corpo in maniera corretta ti permetterà di ottenere ciò che vuoi.
La comunicazione non verbale diventa molto più efficace e diretta quando hai un obiettivo specifico e avverti il bisogno di perseguirlo. Di seguito vedremo alcune situazioni ipotetiche che ti si potrebbero presentare, e leggendo questi esempi, riuscirai tu stesso a valutare il ruolo vincente che il linguaggio del corpo ha in determinate circostanze.

Sfruttare il Linguaggio del Corpo per Perseguire un Obiettivo

Perseguire un obiettivo e ottenere ciò che si vuole richiedono un tipo di comunicazione non verbale che faccia capire alle persone con le quali ti relazioni che, in quel determinato momento, ti senti forte e sicuro di te. Un atteggiamento deciso rende le comunicazioni efficaci. Ripensa a quanto sia stato difficile, quella volta, dare il giusto peso alle parole di chi utilizzava nei tuoi confronti un linguaggio del corpo che trasmetteva ansia e insicurezza, a prescindere dall'importanza del messaggio.

Il modo giusto per dare ai tuoi interlocutori l'impressione di essere una persona determinata èsedere, stare in piedi e muoverti in maniera adeguata. Non incrociare le braccia, ma stringi la mano quando saluti e sorridi. Queste tecniche di comunicazione non verbale basilari si sono dimostrate efficaci in numerose circostanze e in una grande varietà di ambienti lavorativi che coinvolgono diversi settori.

1. Il Modo Giusto di Stare in Piedi

Le persone ansiose quando stanno in piedi sono irrequiete e spostano il peso del corpo da un piede all'altro. Si muovono in continuazione per via dell'adrenalina. Per trasmettere sicurezza, quando siete in piedi o seduti dovete tenere ferme le gambe, la schiena e le braccia.

Il peso del corpo deve essere distribuito equamente su entrambi i piedi, dunque evita di unire i piedi quando non sei seduto in modo da mantenere l'equilibrio e per evitare di affaticarti. Spostare tutto il peso del corpo da una gamba all'altra trasmette all'interlocutore la sensazione che vuoi abbandonare la conversazione.

2. Sedere a Schiena Dritta

Raggomitolarsi sulla sedia non è certo il miglior modo di sedere. Per trasmettere sicurezza, devi occupate tutto lo spazio di cui il tuo corpo ha bisogno, non curvare la schiena, ma siedi dritto, oppure inclinati leggermente all'indietro. Le gambe devono essere leggermente divaricate, oppure puoi accavallarle, facendo attenzione a non stringerle troppo. Evita di muoverti in continuazione, in questo modo chi ti osserva penserà che ti senta fortemente a disagio.

3. La Testa

Tenere la testa e il collo fermi sono messaggi indiretti che le persone sicure di loro trasmettono. Quando ti guardi continuamente intorno, dimostri diffidenza nei confronti dell'ambiente circostante. È ovvio che pietrificarsi in posizione eretta e fissare lo sguardo nel vuoto, è un atteggiamento forzato e controproducente. Guardare l'ambiente nel quale ci si trova è naturale, tuttavia se siete nel mezzo di una conversazione, non evitare lo sguardo di chi vi sta parlando. È importante mantenere il contatto visivo per non trasmettere l'impressione di essere spaventati.

4. Le Braccia

La parte superiore del corpo è quella che passa meno inosservata. Come la testa, così anche le braccia hanno un ruolo cruciale nelle tue interazioni. Incrociare le braccia mentre si parla o si ascolta è chiaro segnale di ansia, paura, disagio e insicurezza. Il modo giusto per dimostrarsi sicuri è tenere le braccia ai lati del corpo, parallele ai fianchi o leggermente indietro verso la schiena. Anche avere le mani in tasca trasmette sicurezza quando i pollici spuntano fuori.

5. Scandire le Parole

Lo stress e l'ansia ti portano a parlare in fretta, o a muoverti continuamente. Quando parli con qualcuno, scandisci le parole, evita di balbettare e di agitarti con il corpo.

6. Il Beneficio delle Pause

Non dimenticare di prenderti una pausa. L'agitazione che nasce da alcuni tipi di interazioni porta a parlare senza prendere fiato e a muoversi continuamente, trasmettendo l'idea che non sei tu ad avere controllo di ciò che stai facendo ma che, al contrario, sono le cose intorno a te a dominare le tue azioni. Prenditi una pausa quando comunichi, scandisci le parole e rallenta i movimenti se ti rendi conto di sembrare irrequieto.

7. Darsi il Giusto Valore

La schiena curva, lo sguardo basso, le gambe e le braccia incrociate dimostrano che non hai stima di te stesso. Chi ti guarda capisce che non vuoi occupare spazio. Sminuendoti, condizionerai negativamente l'opinione che gli altri hanno di te.

8. Il Peso dell'Espressività

Durante le interazioni con gli altri è importante sorridere e mantenere il contatto visivo. È fondamentale essere espressivi, ed è indispensabile imparare a usare questa forma di comunicazione in maniera corretta. Un viso che non trasmette nessuna emozione o, al contrario, sorridere in maniera innaturale e fissare le persone sono sinonimo di stress e fanno sentire il tuo interlocutore a disagio.

Sfruttare il Linguaggio del Corpo nella Vita Reale

Arrivato a questo punto del libro, dovresti aver abbondantemente realizzato la differenza che il linguaggio del corpo fa nella tua vita quando utilizzato in maniera corretta. Proponiamo adesso degli scenari

che vivi quotidianamente. Ripercorrili ora che possiedi questa nuova conoscenza.
Immagina.
Stai cercando di impressionare qualcuno, che sia a lavoro, un amico, il tuo partner o un estraneo. Qual è il modo giusto di utilizzare il linguaggio del corpo per ottenere questo obiettivo?
Per riuscirci, segui i suggerimenti qui di seguito.

1. Posizione eretta

La posizione eretta fa capire agli altri che possiedi una personalità forte. Camminare con le spalle curve è sinonimo di fragilità.

2. Punta lo sguardo

Ripetiamo ancora una volta quanto è importante guardare una persona negli occhi mentre ti parla. Fissare troppo le persone non facilita la conversazione, per questo devi dimostrarti partecipe nel dialogo, accennando col capo e utilizzando la giusta espressività facciale.

3. Regola il tono di voce

È sempre importante parlare utilizzando un buon tono e il giusto ritmo. La chiave è non gridare o suonare aggressivo.

4. Usa gesti decisi ma fluidi

Abbiamo già discusso dell'importanza delle braccia e delle mani, mezzo di comunicazione involontario dei tuoi sentimenti ed emozioni. Quando ti muovi, non mostrare esitazione. Non agitare le braccia e non grattarti troppo le mani, sono sintomi di ansia. Le mani e le braccia sono come il punto esclamativo che si trova sulle pagine dei libri per enfatizzare i concetti.

Dare l'impressione di essere forti è la chiave di tutto. Un animo forte è automaticamente attribuito a persone che sono sicure di loro, persone senza paura. Persone capaci. È utile nonché estremamente consigliato fare pratica di fronte a uno specchio, o riprendere un video di te mentre cammini. Costaterai con i tuoi occhi la differenza che la postura o un sorriso possono fare.

Capitolo 5: Il Rovescio della Medaglia

In questo capitolo ti offrirò le informazioni necessarie per gestire correttamente il linguaggio del corpo e per interpretare le persone con le quali interagisci senza cadere in errore, traendo sbagliate conclusioni. Evitando questi due problemi, riuscirai a non sbagliare nell'interpretare gli altri e a non farti fraintendere.

All'inizio può esserti difficile utilizzare il linguaggio del corpo adatto alle circostanze e mostrarti naturale nei movimenti che cerchi di imitare. Concentrarti sul tono di voce, sul modo di sedersi tuo e degli altri, sulla conversazione e sul tuo interlocutore, ti sembrerà davvero una sfida. Tuttavia, non scoraggiatati.

Per ogni problema c'è una soluzione, e di seguito spiegherò come evitare di cadere in errore.

Il Rischio di Pensare Troppo

Forzare troppo il linguaggio del corpo e tentare in tutti i modi di adattarlo alla situazione può portare risultati controproducenti. Si corre, infatti, il rischio di risultare falsi. Un'eccessiva forzatura è subito evidente, e tentare di spacciarsi a tutti costi per persone sicure di sé e carismatiche aiuta gli altri a capire quanto in realtà ci si senta insicuri in quel momento.

Analizzarsi a poco a poco, applicare ogni giorno qualche aggiusto al proprio modo di sedersi e camminare crea fluidità nei movimenti, nonostante dietro di questi si nasconda duro lavoro e autodisciplina. Pensare a ogni singolo centimetro del proprio corpo e al modo giusto di applicarlo, potrebbe essere faticoso e produrre risultati indesiderati. Al contrario, bisogna procedere per gradi per ottenere il meglio dalla comunicazione non verbale.

Lunghezza d'Onda

Parlare con una persona che ti piace o cercare di impressionare chi ti sta di fronte, di riflesso, ti porta a imitarne gli atteggiamenti. Quando entri in sintonia con qualcuno, ne imiti le gestualità e il modo di parlare. Per fare colpo devi sincronizzarti sulla stessa lunghezza d'onda della persona che ti piace, altrimenti rischi di sembrare disinteressato.

Movimenti Goffi e Esagerati

Gesticolare e muovere le mani sono un metodo efficace per trasmettere un messaggio, eppure movimenti esagerati e bizzarri rappresentano un ostacolo per il buon esito di una conversazione. Muoversi troppo o usare esageratamente le braccia è come parlarecon un tono di voce troppo alto per sembrare sicuri: l'effetto che si ottiene è esattamente l'opposto.

Mancanza di Espressività

Noia e disinteresse sono stati d'animo difficili da nascondere. Oltre a giocherellare con i capelli, guardare l'orologio, spostare lo sguardo dal nostro interlocutore a un punto lontano dietro di lui sono tutti messaggi interpretati correttamente come noia o disagio. Un sorrisetto abbozzato (evita di sorridere con tutti i denti, è chiaramente un sorriso finto) o un cenno del capo fanno capire al tuo interlocutore che sei interessato alle parole che ti sta dicendo.

Segnali Contrastanti

Il linguaggio del corpo deve combaciare con quello che stai dicendo. Dire di essere emozionato e felice mentreresti perfettamente immobile invia messaggi contrastanti e aiuta a creare confusione. Potresti essere anche preso per bugiardo, perché dici cose che non pensi.
È importante trovare un equilibrio fra ciò che dici e ciò che il tuo corpo dice. Utilizzare il linguaggio del corpo in maniera

efficace aiuta a enfatizzare il messaggio che stai comunicando e ti rende credibile agli occhi di chi ti sta parlando.

Capitolo 6: Come Padroneggiare il Linguaggio del Corpo

Il capitolo finale di questo libro riassume e approfondisce gli argomenti trattati in precedenza. In questo modo, finalmente riuscirai a capire come e quando utilizzare il linguaggio del corpo, quanto impegno serve e come diventare esperto della comunicazione non verbale.

Sono molti, coloro capaci di usare il linguaggio del corpo e di sfruttarlo a proprio vantaggio, e tu hai tutte le qualità per entrare nel team dei vincenti.

Rileggi adesso gli esempi che sono stati fatti nei capitoli precedenti del libro, le situazioni ipotetiche in cui potresti trovarti, e immaginale quanto più vividamente puoi. Fingi di essere un attore e che queste situazioni immaginarie siano pezzi teatrali. Guardati da fuori mentre ti immagini. Il linguaggio del tuo corpo allo stato attuale potrebbe essere più efficace di quello che pensi. Se non sei consapevole del potere che risiede in te, non riesci a sfruttarlo bene come vorresti.

1. Tanta Pratica

Avere delle buone basi di teoria è importante, tuttavia ciò che insegna più di un manuale è la pratica. Cambia il modo in cui siedi e cammini, analizza come ti muovi. Fai dei video di te in situazioni in cui ti senti a tuo agio, trova i tuoi punti deboli (spalle cascanti, testa bassa, movimenti nervosi) e impara a controllarti.

2. Criticarsi Costruttivamente

Tutti noi facciamo errori, ed è importante criticarsi in modo da non ripeterli. Tuttavia, essere troppo duri con se stessi non fa che aumentare insicurezza e sfiducia. Focalizzati sui tuoi successi e ricordati di quelle volte in cui sei riuscito a ottenere ciò che volevi grazie al linguaggio del corpo.

3. Non Sezionarti

Il tuo corpo è un'unica entità. All'inizio del tuo periodo di pratica concentrerai la tua attenzione su parti del corpo specifiche, prima solo la testa, poi solo le braccia, ecc, dimenticando che queste sezioni sono collegate fra loro. Non dividere il tuo corpo in scompartimenti: i messaggi non verbali vanno comunicati con la stessa fluidità che usiamo per parlare.

4. Sii Realistico nelle Aspettative
I movimenti del corpo adatti alle circostanze aiutano ad avere successo. Bisogna tenere sempre a mente, comunque, che l'apparenza non è tutto. Non potrai ottenere qualcosa ogni volta che vuoi perché il tuo linguaggio del corpo è efficace. Andare a un colloquio di lavoro con un atteggiamento sicuro, ti dipingerà come un ottimo candidato, eppure a parità di carisma, potrebbe essere selezionato qualcuno con più esperienza.

5. Interpreta e Decifra
Il linguaggio del corpo va adattato alla situazione in cui ti trovi e alla persona con la quale stai comunicando. Capisci ciò che

il tuo interlocutore ti dice con i suoi gesti e i suoi sguardi, e agisci di conseguenza. All'inizio è dura, ma non preoccuparti. Osserva gli altri, impara quali sono i loro movimenti vincenti, guarda soprattutto quelli che riescono sempre a ottenere ciò che vogliono. Appropriati delle loro mosse, rendendole originali e tue.

Conclusione

Grazie per aver letto questo libro.
Spero che tu abbia capito non solo cos'è il linguaggio del corpo, ma anche come usarlo a tuo favore.
Adesso sta a te mettere in pratica ciò che hai appreso. Comincerai facendo degli errori, come qualsiasi altra cosa nella vita. La buona notizia è che il linguaggio del corpo è una di quelle cose, con la pratica, riuscirai a padroneggiare alla perfezione.

Se hai trovato utile questo libro, consiglialo a qualcuno che ha bisogno di unostimolo nella vita per correre rischi e diventare una persona di successo.
Buona fortuna!

Parte 2

Introduzione al linguaggio del corpo

Avete mai desiderato di poter leggere nel pensiero di qualcuno? Magari, osservando una stanza affollata, vi siete chiesti che cosa stesse pensando quella personalì, in fondo.Oppure, vi siete sforzati di capire che cosa stessesuccedendo a quel vostro amico, quando vi diceva che andava tutto bene, ma voi sapevate chequalcosa non andava. A tutti capita di voler comprendere le reazioni emotive delle persone in modo piùprofondo, più istintivo.

Sebbene sia impossibile leggere nel pensiero, lo studio del linguaggio del corpo rappresenta quello che più ci si avvicina.Si può capire tantissimo del modo di pensare o sentire di una personastudiando come essa si muove, osserva e si comporta: tutto può essere indicativo, dal sorriso più timido allo sguardo più ostile.Qualsiasi cosa una persona faccia costituisce un'istantanea di quello che sente in un dato momento; ogni azione e gesto riflette quello che provaintimamente. Una volta compreso il proprio obiettivo, questi segnali possono svelare un modo tutto nuovo di interagire con gli altri, oltre a fornire una maggiore conoscenza della loro individualità.

Nei capitoli a seguire, esamineremo una serie di elementi, da come capire se una persona sta mentendo, ai segreti dell'attrazione sessuale e del desiderio; analizzeremo lo stress e l'ansia, ma anche la rabbia e l'aggressività. Tutto ciò che tratteremo vi aiuterà a decifrare le persone e vi insegnerà a modificare i vostri segnali, in modo da comunicare in modo più chiaro, usando questo linguaggio non verbale al massimo del suo potenziale.

L'arte della menzogna

Uno dei motivi principali per cui le persone usanol'interpretazione del linguaggio del corpo è per capire se qualcuno sta mentendo o dicendo la verità. È quello che si vede spesso in televisione, soprattutto nelle serie poliziesche, quando gli investigatori capiscono se qualcuno mente solo osservandolo. Naturalmente questo accade solo in TV;tuttavia, esiste un fondo di verità in questa tattica e, se si sa qual è l'obiettivo, si può sicuramente attingere a questo talento.

Esistono diversi esempi di questa pratica nella vita quotidiana, come quando un amico dice che è tutto a posto, ma voi sapete che c'è qualcosa che non va, o si dà malato al lavoro, quando in realtà andrà a giocare a golf nel pomeriggio, o quando i giocatori di poker lasciano trasparire un *tell* che li tradisce quando stanno bluffando. E poi, ovviamente, chi ha più talentodi una madreche capisce subito quando isuoi figli dicono una bugia?

Passiamo a osservare alcuni dei metodi più comuni per riconoscere una menzogna.Leggere questa guida non farà di voi degliinvestigatori perfetti, degli esperti di poker o delle super mamme, ma può aiutarvi ad affinare le capacità di scoprire la verità in un mondo pieno di piccole bugie bianche.

Uno dei segnali più evidenti e facili da riconoscere è l'interruzione del contatto visivo, soprattutto quando si rivolge lo sguardo verso il basso. Difatti, si parla spesso di "occhi sfuggenti" o semplicemente di "persona sfuggente", poiché questo comportamento può facilmente destare il sospetto che quello che viene detto non è del tutto vero. Secondo me, il motivo per il quale questo segnale è così riconoscibile è perché, quando qualcuno stabilisce un contatto visivo diretto, generalmente trasmette sicurezza e affidabilità, al contrario di quando si cerca di nascondere qualcosa o quandodirettamente si dice una bugia. Unaltro motivo per cui questo segnale può costituire un campanello d'allarme è perché, quando qualcuno mente, di solito si inventa una storia e cerca di pensare a cosa dire. Quando si pensa e si elabora un'idea, normalmente sidistoglie lo sguardo.

Per ampliare questo ragionamento, possiamo osservare come, quando qualcuno mente, spesso guarda verso l'alto e verso sinistra: questo indica che sta usando la parte creativa del cervello e, dunque,sviluppando l'immaginazione.Quindi, se qualcuno non mantiene il contatto visivo e guarda in alto e a sinistra, è un forte segnale che fa supporre che non è sincero.È affascinante, perché è possibile capire quale parte del cervello viene usata e associarla a un certo comportamento, come la mancanza di sincerità.

Un altro segnale da notare è se qualcuno si tocca o si tira le orecchie: può essere un gesto di indecisione o essere collegato alla falsità. Quando si mente, si è spesso nervosi o inquieti, soprattutto se la bugia è grossa: dunque, non si sa dove mettere le mani. Attenzione, però: può anche trattarsi semplicemente di un tic nervoso, quello di toccarsi o giocare con le orecchie, che può estendersi a una maggiore tendenza generale a toccarsi il volto. Al contrario, gesticolare con i palmi delle mani aperti e toccarsi il petto (specialmente vicino al cuore) sono segni di sincerità e onestà.

Un segnale che coinvolge l'intero volto è il sorriso. Ci sono due tipi di sorrisi: il sorriso falso e quello sincero. Una differenza è che un sorriso sincero interessa tutto il volto, compresi gli occhi, e può essere accentuato sul lato destro; un sorriso falso non arriva agli occhi e può essere simmetrico, o spostato sulla parte sinistra del viso. Provate a guardarvi allo specchio e vedere se riuscite a notare la differenza, ed esercitatevi anche con le foto, per provare a capire se un'espressione risulta posata o simulata. Ecco perché solitamente siamo più attirati dalle foto spontanee: le emozioni, e in particolare i sorrisi, sono più genuini e autentici. Questo non significa che le persone ritratte nelle fotografie più tradizionali siano necessariamente false, ma stanno forzando un'emozione (come quando qualcuno invita a dire "*cheese*"), piuttosto che lasciandolainsorgere in modo naturale e libero.

Altri segnali piuttosto evidenti di un'insincerità sono incrociare le braccia o collocare un oggetto davanti a sé.Tale atteggiamento a volte può essere visto come difensivo, così come le azioni compiute per bloccare o proteggersi indicano che si sta nascondendo qualcosa. Soprattutto se si tratta di un improvviso cambio nella postura, ad esempio spostarsi per incrociare le braccia o interporre maggiore spazio, se non addirittura un oggetto fisico, tra sé e la persona che è vista come un accusatore (e da cui si cerca di sfuggire in qualche modo), è probabile che la persona non sia sincera. Inoltre, quando qualcuno si volta completamente, si può in genere supporre che ci siauna mancanza di sincerità: può, infatti, costituire un meccanismo di difesa per proteggere la verità,o se stessi, in modo da evitare di essere smascherati.

A volte, alcune persone incurvano le spalle portando le braccia vicino ai fianchi. Tali segnali possono rappresentare un tentativo di far apparire la loro persona più piccola o meno appariscente, specialmente quando nascondono qualcosa o cercano di evitare di attirare troppa attenzione. Questo vale specialmente quando la bugia è grossa o la persona custodisce gelosamente qualcosa.A tutto ciò si associa una rigidità facciale e corporale, generata da un senso di disagio. Alcune persone sono così di natura, main chi non è solitamente impacciato, questo linguaggio del corpo diventa improvvisamente manifesto e dimostra che nasconde qualcosa o non dice la verità.

Gli esempi più estremi di come può manifestarsi l'insincerità attraverso segnali fisici sono il respiro sonoro, il pallorenel viso o nelle mani e/o le narici dilatate. Tali segnali evidenti possono essere un preoccupante indicatore del fatto che c'è un problema piuttosto grave in ballo. Solitamente, questo si verifica a causa di

una bugia o un segreto custodito da tempo, che sta consumando psicologicamente la persona.
Anche se il linguaggio del corpo si riferisce principalmente alla postura e al comportamento, sono dell'avviso che possa essere esteso al modo di parlare e in generale a tutte le emissioni vocali.Alcuni esempi sono le risposte brevi, il balbettare imbarazzato o l'uso frequente di parole vuote come "cioè" o "ehm": probabilmente, questo si verifica quando si è nervosi e ci si impappina con le parole.
All'estremo opposto ci sono quelli che usano più parole del necessario per spiegare qualcosa.Ciò dipende molto dalla tipologia di persona: alcuni sono amanti dei dettagli e si soffermano su descrizioni minuziose quando devono dire o raccontare qualcosa. In questo caso, non è detto che stiano mentendo.Tuttavia, bisogna fare attenzione quando qualcuno che solitamente non entra nel dettaglio all'improvviso inizia a usare un sacco di parole: in generale, quando una persona cambia improvvisamente personalità,

consideratelo un campanello d'allarme da non sottovalutare.

Mentirecostituisce un'azione molto complessa, che presentavari livelli e gradi di gravità. Dalla bugia più banale (il classico "il cane mi ha mangiato i compiti") alle menzogne piùdistruttive (il tradimento di un partner), tutti vogliono custodire i loro segreti per essere certi di non essere smascherati. Il più delle volte, faranno di tutto per proteggersi. Seppuresia impossibile fornire un quadro esaustivo attraverso uno studio del linguaggio del corpo, c'è, invece, moltissimo da impararedall'osservazione delle persone e delle loro interazioni nella vita quotidiana.

Naturalmente ci sono vari modi di utilizzare queste informazioni nella vita di tutti i giorni. Se siete, ad esempio, un datore di lavoro che ha a che fare con un dipendente ritardatario che vi rifila sempre la solita scusa o giustificazione, iniziate a chiedervi se suo figlio è davvero malato (per la terza volta in un mese), o se ha davvero bucato mentre veniva al lavoro. Se si mette a raccontarvi di come si presentava l'asfalto, di quale lato della macchina era interessato e tutta una serie di dettagli sul procedimento del cambio della gomma, avete ragione di sospettare che non sia sincero al cento percento. In realtà, gli basterebbe dire: "ho bucato"; ma, per far risultare davvero credibile la storia, perderà un sacco di tempo a inserire una serie di dettagli superflui.

Ognuno di questi segnali può essere considerato un indizio della non sincerità di qualcuno: poi sta a voi, naturalmente, sapere come reagire in ogni circostanza, in base anche a quello che voi credete sia l'eventuale oggetto di menzogna. Senz'altro, questa nuova competenza vi aiuterà a osservare gli altri più attentamente e a captare i segnali più nascosti nelle diverse situazioni.

I segreti della seduzione e dell'attrazione sessuale

Probabilmente il secondo motivo per cui lo studio del linguaggio del corpo desta tanto interesse è la sua connessione all'ambito dell'attrazione sessuale e delle relazioni sentimentali.Ultimamente, questo temaha riscosso parecchio successo, tanto da essere stato oggettodi alcuni programmi televisivi, telegiornali e articoli di giornale.A seguire, approfondiremo alcuni dei diversi comportamenti e azioni che possono evidenziare l'interesse verso un'altra persona, specialmente quello romantico o sessuale.

Molto spesso si parla di "chimica" o di "scintilla" per descrivere un sentimento verso un'altra persona: in realtà, queste espressioni si riferiscono a un'interpretazione del linguaggio del corpo dell'altro sulla base dell'istinto.Chi descrive questa sensazione, afferma che si tratta di sentirsi a proprio agio, spontanei e liberiquando si è con una persona. Non è un elisir d'amore; semplicemente,

l'attrazione fisica, il linguaggio del corpo e il modo di interagire creano quest'effetto.
Alcuni di questi segnali sono quasi impercettibili e richiamano alla memoria i primi amori adolescenziali. Si manifestano tutti nelle relazioni sentimentali, soprattutto nelle prime fasi dell'attrazione e del desiderio.Uno di questi lo riconosciamo quando qualcunostabilisce il contatto visivo, per poi distogliere lo sguardo quando l'altro ricambia: nelle relazioni tra adulti può non risultare tanto ovvio o diretto, ma in realtà si rifà agli stessi meccanismi delle cotte adolescenziali, con annesse timidezze e insicurezze. Normalmente, è l'individuo più aggressivo o dominante a stabilire per primo questo tipo di contatto, anche inconsciamente.A quel punto, gli sguardi si incontrano, fino a quando uno dei due non sposta lo sguardo, interrompendo il contatto. Questo scambio può proseguire per tutto il corso della giornata o per un periodo di tempo più lungo, ogniqualvolta i due si trovano insieme.Anche se può sembrare un segnale fin troppo evidente,

in realtà, può essere messo in atto in maniera velata, tale da far dubitare che non si tratti solo di una coincidenza.

Il contatto visivo, infatti, è uno degli elementi chiave dell'attrazione sessuale. Normalmente sifissa o si osserva in modo ripetuto qualcuno, o qualcosa, che si desidera, il che accade in modo analogoin altre circostanze. Nel caso dell'attrazione tra due persone, però, è particolarmente evidente: gli occhi gravitano intorno alla persona che è oggetto dell'interesse.

Un altro elemento da notare è la dilatazione delle pupille. Quando vediamo qualcosa che ci piace (o qualcuno, in questo caso), le nostre pupille si dilatano: è un segnale quasi impercettibile. Gli umani sono naturalmente attratti da occhi grandi e benevoli, piuttosto che da pupille rimpicciolite (che abbiamo quando guardiamo una luce più intensa). Per fare un altro esempio, la luce delle candele piace a tutti per molti motivi, ma,secondo me, unadelle ragioni più nascoste (oltre al fatto che i difetti fisici risultano meno visibili e, quindi, le persone si sentono più a loro agio) è che, con una luce più fioca, le pupille si dilatano in modo da assorbire quanta più luce possibile, rendendo la persona più affascinante.

Un segnale positivo è, più in generale, un'apertura maggiore degli occhi. È un tratto particolarmente evidente e influente quando riguarda le donne: gli occhi spalancati possono, infatti, essere interpretati come un atto di sottomissione, che genera negli uomini un istinto naturale di protezione, considerato molto attraentedalle donne. Può costituire, dunque, una tecnica di seduzione femminile molto efficace.

Un altro dettaglio da considerare è il modo di osservare il corpo dell'altra persona: quando un uomo è attratto da una donna, la guarda negli occhi, scende con lo sguardo sui fianchi e rimane sul busto. La donna, invece, quando è interessata a un uomo, lo osserva dall'alto al basso,per tornareinfine sul volto: insomma, la classica occhiata veloce.

Possiamo anche notare che si tende ad assumere un atteggiamentocompiacente quando si interagisce con qualcuno che ci interessa, ad esempio, annuendo e sorridendo. Si annuisce per mostrare approvazione e interesse mentre l'altro parla, anche se non si tratta di coinvolgimento sentimentale. Si può rilevare questo tipo di atteggiamento quando si ha un qualsiasi interesse verso qualcuno, che sia esso platonico o di altro tipo; tuttavia, può risultare più accentuato quando si è a contatto con una persona da cui si è attratti, verso la quale ci si sforzerà di dimostrare il proprio interesse.

Un altro segnale evidente è quando ci si protende leggermente verso l'altro mentre sta parlando: anche questoè un elemento rilevante non solo nelle relazioni sentimentali.Inoltre, quando si ascolta qualcuno con interesse, si inclina leggermente la testa su un lato: nell'ambito delle relazioni sentimentali, si dice che questo elemento sia collegato all'atto del bacio, durante il quale si piega la testa in modo simile. È un perfetto esempio di come il linguaggio del corpo, anche in modo velato, possa raccontare molto delle sensazioni più intime di una persona.

Nel campo dell'attrazione e del desiderio sessuale, molte persone tendono a mostrarsi timide e riservate nell'interazione: questi piccoli gesti e indizi, tuttavia, resistono ai propositi più logici e razionali, in quanto rivelano i veri sentimenti. Dunque, costituiscono un modo di mettere alla prova l'interesse di una persona, poiché permettono di interpretare i suoi reali pensieri e sentimenti.

Le mani sono un altro elemento che può fornire un'indicazione del livello di attrazione di qualcuno. Le donne sono solite giocare con i capelli e arrotolarsi le punte con le dita: questo può denotare insicurezza, ma può anche essere usato come strumento di seduzione. I capelli sono un elemento molto sensuale in una donna, che, giocandoci, può enfatizzare questa caratteristica, considerata attraente dagli uomini. Ovviamente, come per quasi ogni cosa, se è eccessiva diventa una distrazione o smorza l'interesse, poiché dà l'impressione di una persona agitata o nervosa.Inoltre, sia negli uomini che nelle donne, mostrare i palmi aperti esprime sottomissione, onestà e trasparenza.Invece,una donna che mostra i polsitrasmette un'elevata carica sessuale, essendo il polso una zona erogena estremamente sensibile.Esporli manda un chiaro segnale di attrazione; può essere un gesto quasi impercettibile, come, ad esempio, appoggiare in modo casuale le braccia sul tavolo con i polsi rivolti verso l'alto.

Altre manifestazioni di attrazione riguardano tutto il corpo: un esempio è la postura.Quando la persona che ci piace capita nelle vicinanze, distendiamo la schiena per mostrarci "sull'attenti", facciamo un respiroe portiamo le spalle indietro per risultarevigili e attivi. Probabilmente, lo facciamo anche per tirare indietro la pancia e apparire più slanciati; quelli che non credono nel dimagrimento localizzato non hanno mai visto un uomo ritrarre la pancia da birra appena passa una bella donna!

Se ci fate caso, quando qualcuno è attratto da un'altra persona, trova sempre un modo (a volte anche scuse molto creative) per trovarsi il più vicino possibile a quella persona. Può esserciun contatto fisico, anche in modo scherzoso, se i due hanno abbastanza confidenza: quando flirtano o si punzecchiano,la donna generalmente tira schiaffi o spintona l'uomo per gioco.In particolare, toccargli l'avambraccio può essere considerato un segno istintivo di simpatia e attrazione.

Un modo per ridurre la distanza tra due persone è inclinarsi in avanti e parlare a bassa voce per far avvicinare l'altro. La donna si inclina leggermente all'indietro e sporge il bacino in avanti: visto che spesso risulta quasi impercettibile, magari si appoggia a una superficie come, ad esempio, un bancone, per aumentare il sex appeal, assumendo così una postura molto provocante, senza essere troppo diretta. Invece, un segnalepiù evidente è quando una donna porta indietro le spalle e spinge il petto in fuori.

Anche gli uomini possono avere degli atteggiamenti provocanti o vanitosi.Il loro modo di parlare o la postura può cambiare in base a chi è con loro, il che, spesso, si può tradurre nei due estremi: o si mostrano nervosi e impacciati o, all'opposto, risultano fin troppo sicuri di sé e, addirittura, spavaldi.

Spesso, le persone si rivolgono fisicamente nella direzione della persona desiderata, sia con il busto, che con la testa, gli occhi, ecc. Un segnale, soprattutto maschile, è avere i piedi orientati nella direzione dell'oggetto dell'interesse. In generale, rivolgiamo i piedi nella direzione verso cui vogliamo andare, sia essa una direzione concreta che una relativa ad altre persone.Questo non vuol dire che se vi spostate o vi allontanate, chi è interessato a voi vi seguirà ovunque, ma una tendenza generale di questo tipo può essere considerata un sintomo di attrazione: come, ad esempio, quando spostiamo il corpo verso una persona mentre siamo seduti su un divano, o quando ci sono varie persone disposte in cerchio e noi abbiamo il corpo, e soprattutto i piedi, rivolti verso una persona. Naturalmente, non può essere considerato un elemento significativo se si tratta di un atteggiamento abituale e non di un evento eccezionale.

Anche il modo di parlare gioca un ruolo importante. Così come per le menzogne, il linguaggio del corpo può interessare anche il modo d'esprimersi: quando siamo a distanza ravvicinata con l'oggetto del nostro desiderio, a volte ci impappiniamo a parlare, oppure usiamo un numero maggiore di parole superflue perché siamo agitati o nervosi.Inoltre, a volte siamo più concentrati sulla nostra bocca quando parliamo con l'altro, quindi ci lecchiamo o mordiamo le labbra più spesso. Anche qui, riconosciamo una connessione con l'atto del bacio, visto che può indicare che vogliamo o stiamo pensando, anche inconsciamente, a baciare quella persona.

Una volta assimilati tutti questi indicatori dell'attrazione sessuale, interpretare questi segnali può risultarestraordinario nella vita quotidiana e nelle interazioni con persone dell'altro sesso. Queste osservazioni possono sicuramente aiutarvi nelle (potenziali future) relazioni per riconoscere chi è interessato a voi, o per fornirvi dei trucchetti segreti per comunicare il vostro interesse a qualcuno.

D'altro canto, l'errore più grande che possiate fare è soffermarvi troppo ad analizzare ogni situazione per cercare di individuare ogni minimo segnale che possa dirvi se piacete a qualcuno. Questi pensieri possono solo farvi ammattire e riempirvi di insicurezze; la cosa migliore è mostrare sicurezza, soprattutto se pensate di piacere a qualcuno. La fiducia in se stessi è sempre il miglior afrodisiaco e una delle caratteristiche fondamentali che uomini e donne cercano in un compagno.

I segnali d'allarme della rabbia e dell'aggressività

È fondamentale prestare particolare attenzione al linguaggio del corpo quando notiamo che la persona mostra segni di nervosismo, frustrazione o, addirittura, aggressività. Siate prudenti quando vi trovate a contatto con qualcuno che manifesta questo tipo di comportamento. Molte persone mostrano dei segnali del corpo eloquenti anche prima di diventare polemici o arrabbiati verbalmente: osservare questi segnali è uno strumento molto utile, soprattutto in situazioni difficili, per accorgersi in anticipo di un pericolo.
Iniziamo con una serie di segnali che indicano una lieve frustrazione o rabbia: le persone, in particolare gli uomini, si passano le mani tra i capelli. In questo caso, però, non si tratta della stessa azione descritta nel capitolo sull'attrazione, in cui abbiamo parlato di come le donne si aggiustano o giocano con i capelli in modo provocante; qui, è un gesto più energico e

brusco, quasi volto a mettere in atto l'espressione di "strapparsi i capelli". Ovviamente non si strappano davvero i capelli, ma è come se realizzassero una specie di simulazione del modo di dire.Questo sentimento si avvicina più alla frustrazione che all'aggressività vera e propria, ed è particolarmente evidente nel contesto di una discussione o un litigio, quando l'altra persona costituisce l'oggetto delle emozioni negative.

Una persona che picchietta o tamburella con le dita sul tavolo è un tipico esempio di un segnale che indica frustrazione, irritazione, o anche impazienza, come se fosse in attesa di qualcosa o di qualcuno.Questo, però, può spesso tradursi in rabbia, o in altre forme di aggressività più preoccupanti. Un altro segnale, sottile ma importante, è il pugno chiuso: lo vediamo quando una persona stringe i pugni, per poi riaprirli, oppure li mantiene serrati.Spesso, si può notare anche un tremolio del pugno o del corpo, se la persona è davvero agitata; può costituire il segnale iniziale di un brutto litigio in arrivo, poiché può essere indotto dall'adrenalina o da altri ormoni che alimentano questo tipo di reazioni. Può, infine, sfociarein colpi con le mani sui tavoli o su altri oggetti.

Lo stesso tipo di reazione porta le persone a prendere a pugni i muri, dare calci agli oggetti, lanciare oggetti e rompere vetri, solo per sfogare la rabbia repressa; il che non costituisce certo una giustificazione, né rende questi comportamenti accettabili. Al contrario, è solo una persona che sceglie di reagire male. In realtà, c'è un insieme complesso di meccanismi che si celano sotto la superficie, per cui è ancora più importante fare attenzione a questi segnali e prendere le distanze dalle persone che li manifestano, dato che un confronto immediato raramente riuscirebbe a risolvere il conflitto.

Anche dagli occhi si può capire molto, quando si cercano segni di frustrazione o aggressività. Chi si trova in una condizione mentale di aggressività spesso fissa una persona, non nello stesso modo descritto nella sezione dedicata all'attrazione, ma piuttosto con uno sguardo fisso dall'alto al basso. Questa persona vuole essere considerata dominantee in una posizione di controllo durante lo scambio, sia esso una conversazione, una discussione o uno scontro fisico. Non deve esserci necessariamente un confronto verbale: anche tra tante persone in una stanza, l'individuo aggressivo squadra tutti guardandoli dall'alto verso il basso. Questo squadrare può anche voler indicare che la persona si sente già dominante o potente e vuole assicurarsi che anche gli altri se ne rendano conto.

La cosa interessante è che gli altri reagiscono a questo tipo di atteggiamenti arroganti; non sempre ne sono contenti, ma, in qualche modo, provano un naturale timore o rispetto verso quella persona, e probabilmente non riescono a spiegarsi perché. Se conoscete i vostri obiettivi, saretein grado di identificare questo tipo di persone più facilmente. Vi sarà fornito anche un nuovo strumento per analizzare gli eventipiù razionalmente, soprattutto quei comportamenti che vi sono risultati irritanti finora. È come quando capisci che il bullo delle elementari in realtà aveva una serie di problemi irrisolti: riesci a farti scivolare le cose addosso con più facilità quando hai una visione più chiara della situazione. (Attenzione: chiedi consiglio a un esperto prima di intervenire in un caso di bullismo).

Una persona arrabbiata o aggressiva ha spesso il volto arrossato: è un segno piuttosto evidente del fatto che qualcosa non va e che a quella persona "sta salendo il sangue al cervello". Questo rossore può manifestarsi sul viso e/o sul petto e deve invitarvi a stare alla larga!

Le espressioni facciali sono i segnali più ovvi. Una persona aggressiva, o in atteggiamento aggressivo, presenta spesso un insieme di espressioni facciali tipiche: fronte aggrottata, labbra contratte, smorfie e ghigni che possono essere velati e leggeri, fino a diventare talmente ovvi che la persona non prova neanche a mascherarli. Queste espressioni, a volte, sono involontarie, mentre, al contrario, possono essere talvolta enfatizzate per ottenere qualcosa. Se si sta cercando di intimidire qualcuno, verranno usati questi atteggiamenti e gesti a proprio vantaggio; altrimenti, queste reazioni scaturisconoin modo più naturale quando la persona è in uno stato d'animo ribelle o rabbioso.

Un altro segnale aggressivoè il mento rivolto nella direzione della persona che è oggetto dell'arrabbiatura, che può sporgersi in fuori e puntare leggermente verso l'alto.Si può manifestare anche una mascella rigida o serrata, altro segno di rabbia. Se una persona presenta la mascella tesa e il mento puntato verso l'altro, è molto probabile che sia arrabbiato e stia cercando di intimidirlo.

Puntare il dito è altresì indicativo: lo vediamo quando due persone sono coinvolte in una discussione o un litigio e una delle due punta il dito contro l'altro.Può anche essere usata come tattica intimidatoria, specialmente se i due si trovano a distanza ravvicinata e il dito viene puntato dritto in faccia, o addirittura spinge fisicamente la persona. Questo costituisce un comportamento molto aggressivo, che non porta mai a niente di buono.Il tutto può essere aggravato da una postura aggressiva, in cui il soggetto si inclina in avanti verso l'altro, mantenendo le spalle indietro.

Una persona che presenta tendenze aggressive può anche rivolgere i palmi verso l'esterno, specialmente nella direzione di un'altra persona. Questo indica che la persona sta alzando un muro tra sé e l'altro, una barriera fisica, per avvertirlo di non avvicinarsi.

Di tutti questi atteggiamenti la persona in preda a rabbia o aggressività mostrerà vari gradi di intensità: mentre qualcuno può manifestare tutti questi segnali in un breve intervallo di tempo, altri ne avranno uno in particolare che si ripresenta ogniqualvolta si sentono nervosi. Inoltre, possono manifestarsiin proporzione alla quantità di emozioni che la persona sta provando: se è solo un po' irritata o infastidita, può mostrare solo i segnali più sottili o i suoi comportamenti possono duraremeno a lungo. Se, invece, è molto arrabbiata o aggressiva, può dare sfogo ai suoi sentimenti in modo più evidente.

Sono dell'opinione che la cosa migliore sia usare prudenza e giudizio quando si ha a che fare con persone aggressive;inoltre, siate consapevoli dei potenziali problemi che potreste trovarvi ad affrontaree comportatevi di conseguenza. Imparate a controllare le vostreemozioni quando siete arrabbiati o aggressivi nei confronti di altre persone. Ognuno deve essere trattato diversamente quando si trova in questi stati d'animo:nelle relazioni più strette, imparate a adattarvi e a lavorare sul rapporto con i vostri amici e parenti; con le altre persone, come nel lavoro o ambienti affini, lasciate correre.Imparare a osservare i segnalivi fornisce gli strumenti giustiper affrontare con maggiore consapevolezza le situazioni: usateli in modo da prevenire e programmare le vostre azioni.

Gli ostacoli dell'insicurezza, l'ansia e lo stress

Un'altracoppia di emozioni strettamente connesse sono l'insicurezza e l'ansia ed esistono molti segnali del linguaggio del corpo legati a una di queste, o a entrambe. Ci sono principalmente due tipi di persone insicure: quelle che si sentono sempre a disagio e impacciate e quelle che solo in determinate situazioni o con alcune persone percepiscono un'insicurezza.L'ansia può essere strettamente legata a queste sensazioni, per cui il linguaggio del corpo può riflettere una combinazione di entrambe le emozioni.

Mentre tutti possono essere occasionalmente insicuri o nervosi, c'è un problema più profondo nel caso dichi si sente impacciato o insicuro in generale. Passiamo ad analizzare alcune delle forme più comuni in cui questo si manifesta nella vita quotidiana.

Un segnale piuttosto ovvio è quando qualcuno evita il contatto visivo oppure abbassa lo sguardo appena qualcuno cerca di stabilirlo. Alcune persone sono molto intimorite dal contatto visivo diretto e questo è un segno evidente di una mancanza di autostima, specialmente se oltre a distogliere lo sguardo si abbassa la testa, che rappresenta un segnale di sconfitta o di una forte timidezza. Si può notare spesso anche un aumento del battito di ciglia, poiché una persona nervosa sbatte le palpebre con maggiore frequenza.

Altre persone esprimono l'ansia con la voce: se qualcuno si schiarisce la gola o sospira in continuazione, significa che sta mostrando segnali di agitazione o angoscia.

Alcuni, quando sono nervosi o agitati, hanno quella che viene comunemente chiamata risata nervosa: questo accade soprattutto quando si sentono a disagio in una situazione nuova o stressante. In questo caso, trovandosi di fronte a una circostanza in cui si sentono in difficoltà, come, ad esempio, una conversazione molto seria, non riescono a trattenere un sorriso o una risata. Possono trovarsi a sorridere o ridere in un momento apparentemente inopportuno; anche se può risultare sgradevole agli altri, può essere, in realtà, un segnale di insicurezza, nervosismo o disagio.

Anche giocare con i capelli può essere un segnale di insicurezza o agitazione.Abbiamo già affrontato questo particolare nei capitoli precedenti, ma si può notare lo stesso gesto anche in relazione all'ansia. Tuttavia, in questo caso, si manifesta con leggere pacche sui capelli o con l'atto di portarsicontinuamente delle ciocche dietro le orecchie. Naturalmentepuò anche essere un segnale legato all'attrazione verso un'altra persona, dato che i due esempi possono essere strettamente connessi, ma può anche indicare solo una sensazione di disagio o insicurezza.

Quando si è nervosi o agitati, è frequente anche toccarsi la parte anteriore del collo, oppure toccare, grattare o massaggiare un punto qualunquedel collo o del petto: può essere segno di disagio o di un'inquietudine generale.Infatti, muoversi continuamente di norma denota ansia o nervosismo: di solito si gioca con piccoli oggetti (chiavi della macchina, penne, ecc.) o si tormenta con le mani un oggetto o il proprio corpo (togliendo un pelucco da una coperta, un pelo del gatto da un maglione, oppure toccando una ferita o un neo), nel tentativo di distogliere l'attenzione dalla situazione o di allontanare i pensieri che passano per la mente compiendo un'azione vuota.

Un altro segnale è mordersi le unghie, particolarmente evidente nei periodi di particolare stress o ansia.In altri casi, invece, inizia come tic nervoso, per poi diventare un gesto istintivo che si ripeteregolarmente, indipendentemente dall'umore o dalle circostanze.Questo segnale viene talvolta usato nei cartoni animati o nei film per indicare che un personaggio è nervoso. Un altro segnale relativo alla bocca è l'abitudine, molto difficile da eliminare, di mordere oggetti come penne, matite o cannucce. In effetti, esiste un intero settore produttivo dedicato alla fabbricazione e commercializzazione di prodotti destinati ad aiutare le persone a smettere di mordersi le unghie, come, ad esempio, una linea di smalti che lasciano un sapore amaro in bocca, realizzati proprio per inibire la cattiva abitudine.

Alcune persone manifestano un eccesso di energia (stress o ansia) muovendo convulsamente una gamba e/o un piede. Molto spesso è più evidente quando la persona ha le gambe incrociate: il piede o la gamba posti in alto si muovono come se seguissero il ritmo di una melodia inesistente. Come per qualsiasi altro segnale del linguaggio del corpo, la persona che lo mette in atto non si accorge di farlo. Quest'azione in particolare può trasmettere tensione alle persone circostanti, le quali, trovandosi a distanza ravvicinata con questa fonte di energia nervosa, ne vengono influenzate. Questo atteggiamento può anche essere sintomo della presenza di una fonte di stress emotivo o ansia che deve essere sbloccata: in queste circostanze, la persona non riesce fisicamente a contenere tale energia e quindi a stare fermo per molto tempo.

Camminare avanti e indietro può essere un altro segnale di stress o ansia, specialmente quando si aspettano notizie su un evento particolare o quando si parla con qualcuno che ci rende inquieti; infatti, è molto comune fare avanti e indietro quando si parla al telefono. Questo segnale può rappresentare un'energia emotivaoriginata dalla felicità, ma, il più delle volte, la causa scatenante è lo stress.

Per quanto riguarda la postura, quando una persona è nervosa, ansiosa o stressata, tende aincurvare le spalle, abitudine che, alla lunga, può causare un dolore fisico. Molto spesso, quando ci si trova in una situazione che provoca stress, si è più consapevoli del proprio corpo: quindi, si assume una postura corretta ma forzata, con le spalle sollevate o inarcate, che può tradursi in dolore e malessere. Spesso si sente dire che lo stress si riversa nelle spalle o nella zona vicina al collo: la causa è che si tende a ingobbire oppure a sollevare le spalle, accumulando tensione in queste zone.Questa problematica viene utilizzata come strategia commerciale dai massaggiatori, che, in molte occasioni, si recano direttamente negli uffici oppure aprono delle attività nelle aree circostanti, in virtù del fatto che il lavoro d'ufficio può essere molto stressante, anche se non prettamente fisico. Diventa necessario, quindi, lavorare sulle rigidità della vita, che si riflettono anche sui muscoli.

Naturalmente, queste emozioni possono anche manifestarsi con le parole. Chi è nervoso tende a passare da un estremo all'altro: nel momento in cui si trova ad affrontare un problema, o diventa particolarmente loquace, non riuscendo a smettere di parlare, o si chiude a riccio e si tiene tutto dentro.Entrambi i comportamenti sono meccanismi di difesa e la personalità di ogni individuo determina verso quale dei due si orienterà.

Viviamo in un mondo frenetico, in cui le sollecitazioni a cui siamo esposti, sia nella vita professionale che in quella privata, portano un notevole carico di stress nella nostra vita. È nostra responsabilità saper affrontare in modo opportuno lo stress, che costituisce un inevitabile effetto collateraledel nostro stile di vita frenetico, e che, per la maggior parte delle persone, si ripresenta ciclicamente nelle fasi della vita.Osservare tali comportamenti negli altri può aiutarci a relazionarci meglio con loro, quando si trovano in una particolare condizione di stress.

Queste informazioni possono aiutarci anche ad affrontare lo stress nelle nostre vite: in particolare, riconoscere subito una tensione o un nervosismopuò aiutarci a gestire l'ansia autonomamente. Ad esempio, vi accorgete che, quando siete sotto stress, irrigidite le spalle e i muscoli del collo e vi svegliate il giorno dopo con quelle zone indolenzite: con il tempo, potrete imparare a riconoscere questi segnali in anticipo, e potrete fermarvi qualche minuto per fare qualche rotazione con le spalle, tirare un paio di respiri profondi e farvi una camminata per schiarirvi la mente da tutti i pensieri. Tutto questo contribuisce molto a migliorare la vostra salute.

I segnali che abbiamo trattato finora possono essere riferiti anche al nervosismo. Tutti noi ci troviamo in situazioni delicate per i nostri nervi, come un colloquio di lavoro, un primo appuntamento o un discorso in pubblico. Anche il modo in cui ci muoviamo può trasmettere nervosismo o agitazione, che sono proprio l'opposto dell'immagine che vogliamo dare. Per esempio, in questi tre esempi, nessuno vorrebbe apparire come un fascio di nervi a un colloquio, un appuntamento o mentre parla in pubblico; dunque, imparare a riconoscere le nostre reazioni e prepararci alle situazioni in anticipo può aiutarci a modificare il nostro linguaggio del corpo di conseguenza.

Infine, nessuno vuole avere intorno a sé una fonte di stress; tutti conosciamo qualcuno che è sempre agitato e, in tutta onestà, tendiamo a evitare queste persone, soprattutto se sono nel pieno di una crisi, perché non vogliamo essere influenzati dalle loro emozioni.Quindi, imparate a controllarvi, calmarvi e andare avanti, usando questi segnali come strumenti: vi sarà di grande aiuto, sia a voi che agli altri, a prescindere dagli ostacoli che incontrerete nella vita.

I temi della depressione e la tristezza

Secondo alcune ricerche scientifiche, la tristezza è l'emozione più facile da riconoscere attraverso i segnali del linguaggio del corpo. La maggioranza dei segnali di cui parleremo si riferisce alle emozioni legate al sentimento di sconforto. Anche se alcune persone sono più brave a nascondere le loro emozioni in generale, e in particolare la tristezza, tutti assumono un determinato atteggiamento quando qualcosa non va.

Una persona che è oppressa da un sentimento di tristezza può abbassare lo sguardo per evitare il contatto visivo con gli altri: si tratta di una volontà di evitare di dover conversare o interagire con gli altri in un momento in cui non siè emotivamente predisposti alla socializzazione.A seconda del grado di depressione, questa persona può anche chinare o piegare la testa, in modo da evitare qualsiasi contatto.In alcuni casi,può anche nasconderedel tutto il volto, affondarlo tra le braccia o usare un certo tipo di abbigliamento (come una felpa con il cappuccio) per nascondercisi dentro.

Se il volto è visibile, potrete notare le sopracciglia (nella parte interna) e le labbra (nella parte esterna) rivolte verso il basso; il labbro inferiore, poi, può essere leggermente sporgente.Gli occhi possono avere le palpebre cadenti o essere rossi e gonfi se la persona ha appena pianto. Inoltre, non sarà visibile nessuna luce o luccichio negli occhi; questo non è sempre tanto evidente, dato che alcune persone non sono mai così vivaci. Infatti, potrebbe essere difficile interpretare questi segnali in uno sconosciuto, ma se conoscete qualcuno che è normalmente molto vivace e vedete che improvvisamente non ha più quella luce negli occhi, sarà difficile non notare la differenza.

Una persona triste avrà probabilmente una postura oziosa, abbandonata o sprofondata, se seduta su un divano o una sedia; avrà le spalle incurvate o penzolanti, come in una posizione di sconfitta. In un contesto sociale, in cui è tra altre persone, probabilmente darà loro le spalle. Di nuovo, si tratta di una volontà (conscia o inconscia) di evitare il contatto o un modo di sfuggire agli altri.

Questa persona sarà chiusa e diffidente sia nella postura che nella conversazione. Mentre parla, non gesticolerà e la sua voce nonavrà inflessioni; potrebbe anche assumere alcuni degli atteggiamenti ansiosi o nervosi descritti nel capitolo precedente, probabilmente nel tentativo di sfuggirealla situazione, dal momento che si sente a disagio a interagire con gli altri. Infatti, vuole solo trovare un modo di restare solo, soprattutto se è stato inserito in un contesto sociale contro la sua volontà: abbiamo tutti quell'amico che ti trascina fuori di casa quando tu invece vorresti solo stare a casa a deprimerti.

Una persona generalmente non gesticola quando si sente triste e abbattuta. Se, invece, lo fa o ha una postura più aperta, ci sono buone probabilità che possa essere avvicinata. Se decidete di tastare il terreno e provare ad avviare una conversazione, usate un approccio accogliente e delicato:

se la vedete completamente chiusa in se stessa, probabilmente è meglio lasciarlasola o, almeno, non tirate in ballo il motivo del suo malessere. In questo caso, mostratevi disponibili verso di lei senza usare le parole.

Questa persona potrebbe anche usare delle tecniche per auto rilassarsi, ad esempio massaggiandosi le braccia, il collo o il viso, non necessariamente in modo nervoso, ma piuttosto per ottenere un effetto calmante.

Un altro effetto collaterale comune della depressione è l'insonnia. La persona può essere più stanca del normale; può anche avere borse sotto gli occhi, sbadigliare con più frequenza o avere difficoltà a concentrarsi. Potrebbe, inoltre, andarsene nel bel mezzo di una conversazione perché non ha voglia di parlare o perché è stanca e non riesce a concentrarsi abbastanza a lungo per partecipare pienamente.

L'intensità di questi segnali sarà strettamente vincolata al grado di gravità del problema e alla personalità della persona coinvolta: la conoscenza del suo carattere vi aiuterà nella vostra valutazione. Ogni elemento influisce sul grado di percezione che avrete di questi segnali: una persona molto depressa manifesterà queste caratteristiche in modo più evidente di qualcuno che ha semplicemente la giornata storta, ma ci sono anche persone molto brave a fingere che tutto vada bene. Riescono a comportarsi normalmente per una durata di tempo considerevole, senza che nessuno si accorga di niente; prima o poi, però, mostreranno un segnale che tradirà questa finzione.

È sempre consigliabile gestire questo tipo di situazioni con molta attenzione ed essere prudenti con queste persone, in modo da evitare di ferire i loro sentimenti o di farle sentire ancora più a disagio di quanto non lo siano già. Tuttavia, è importante sapere che, anche se queste persone non vogliono interagire con gli altri, in realtà a volte avrebbero bisogno proprio di quello; d'altro canto, ci sono altri casi in cui hanno bisogno di tempo e spazio per affrontare quello che stanno attraversando.È, quindi, importante usare prudenza e rispettare i loro bisogni, soprattutto se si tratta di amici intimi che si fidano di voi. Se non siete sicuri o il vostro aiuto peggiora la situazione, rivolgetevi a un professionista.

La gioia della felicità autentica

La felicità è spesso associata all'essere rilassati e soddisfatti della propria vita. Molti segnali del linguaggio del corpo possono coincidere con quelli del rilassamento: quando una persona è rilassata e soddisfatta, si sente felice e, viceversa, quando una persona è felice, si sente naturalmente più rilassata e soddisfatta.
Probabilmente il sintomo di felicità più ovvio è un sorriso autentico, che interessa l'intera faccia, compresigli occhi, non solo le labbra. Normalmente è simmetrico o leggermente accentuato sulla parte destra del viso;c'è una grossa differenza tra un sorriso falso e uno autentico.Esistono molti e vari motivi per cui le persone sorridono in modo non sincero: il più delle volte, è un tentativo di essere educati, oppure sono interessati a qualcuno.Può anche essere una situazione in cui si fa buon viso a cattivo gioco, quando cioè si sorride perché è quello che gli altri si

aspettano,non perché il sorriso rifletta i propri sentimenti.

La stessa cosa vale per la risata, che può essere finta o genuina. Si può ridere per cortesia, quando qualcuno fa una battuta, o per nervosismo.Come abbiamo visto per gli altri segnali, ad esempio il sorriso, può essere più difficile riconoscerne l'autenticità se non si ha confidenza con quella persona.Anche in questo caso, una risata falsa non interessa gli occhi e suona spesso forzata.

Le persone felici o contente sono spesso più vivaci nell'espressione del viso e nella gestualità: hanno un'aria spensierata e frizzante, essendo più facileper loro ridere e sorridere. Quando una persona è felice e contenta, avrà un'energia contagiosa che fa sentire gli altri a proprio agio. Se avete un amico che esprime questa gioia e felicità contagiosa, ritenetevi fortunati; si tratta della tipica "anima della festa" che tutti vogliono avere accanto.

Quando una persona è felice e rilassata, di solito tiene i piedi all'altezza delle spalle: questo indica che si sente rilassata e sicura.Inoltre, avrà le spalle dritte, che è indice di autostima. Siccomeè felice, lascia trasparire naturalmente la sua sicurezza attraverso il modo in cui si muove.

Le persone felici di solito camminano a passo svelto e prestano più attenzione a ciò che li circonda, guardandosi intorno e assimilando tutto quello che vedono. Sono più aperti al mondo intorno a loro e sempre alla ricerca di nuovi modi di interagire con esso.

Le persone felici avranno una postura e un atteggiamento aperto, con braccia distese e gesti più ampi: quest'aperturariguarda anche il modo in cui stanno in piedi e seduti. Al contrario delle persone depresse, rivolgeranno il corpo verso gli altri, invece che starne lontani e isolarsi. Questo lo vediamo soprattutto negli eventi sociali, quando ci sono molte persone nello stesso luogo: una persona felice cercherà di interagire con quante più persone possibile.

La felicità può anche riflettersi sul tipo di abbigliamento che viene utilizzato: una persona felice indossa più probabilmente vestiti comodi, con un look rilassato, le maniche della camicia tirate su o la cravatta allentata.

La felicità generalmente è molto facile da riconoscere: non c'è bisogno di tanti indizi per decifrarla. Probabilmente, la cosa più difficile è capire se è reale o finta. Molte persone, infatti, fingono sempre di essere felici o cercano in tutti i modi di stare al centro dell'attenzione, anche se di solito tale finzione può essere individuata con solo un po' di attenzione.

Altre osservazioni

Ovviamente, i capitoli precedenti non forniscono una lista esaustiva delle centinaia di segnali del linguaggio del corpo che le persone manifestano in diverse situazioni o con diverse emozioni.Se la maggior parte di quelli esposti finora rientrano nelle varie categorie descritte, ce ne sono degli altri, altrettanto importanti, che tuttavia non corrispondono necessariamente alle categorie di cui sopra.A seguire, dunque, completeremo la nostra ricerca, al fine di comprendere appieno il modo in cui le persone si esprimono attraverso il corpo.
Le mani:
Le persone si esprimono in tantissimi modi attraverso le mani, senza neanche accorgersene. Alcuni "parlano" usando le mani e comunicano attraverso di esse come se fosse una sorta di seconda lingua; altri, invece, sono più riservati, quindi non usano le mani nelle conversazioni di tutti i giorni, ma solo occasionalmente.Si tratta di una componente estremamente

importante del modo di esprimersi di una persona, oltre a costituire una forma di comunicazione che trascende la cultura, la lingua e l'etnia.

I palmi aperti indicano un senso di apertura e trasmettono un messaggio positivo; in particolare, quando una persona gesticola con le mani verso l'alto e verso l'esterno, è indice di positività. Questo lo vediamo spesso fare ai venditori e a chi effettua delle presentazioni: i gesti grandi e ampi usati per enfatizzare sono modi velati per sottolineare le proprie ragioni in una conversazione o presentazione.

Quando una persona intreccia le mani o unisce le punte delle dita, in particolare i diti indici, indica che sta riflettendo su qualcosa ed è sul punto di prendere una decisione. Si tratta di un segnale positivo, specialmente se la decisione arriva dopo tante riflessioni e discussioni.

Quando le mani si presentano con i palmi e le dita allargate come un disco, è segno che la persona sta offrendo un'idea o un consiglio all'altro. Questa può essere considerata come una posizione vulnerabile, poiché espone la persona alla possibilità di un rifiuto.Inoltre, di solito avrà una postura inclinata in avanti, mentre parla, e le mani saranno all'altezza del petto o più in basso, quasi appoggiate, sulla pancia. Invece, tendere le mani in avanti, unite e poste a formare una specie di cucchiaio, rappresenta un segnale di preghiera o di supplica: anche questo è un gesto molto vulnerabile, che riconduce al gesto di preghiera dei mendicanti.

Annuire:

Le persone spesso annuiscono quando parlano con qualcuno: questo indica che stanno ascoltando e sono interessati a ciò che l'altra persona sta dicendo. Tuttavia, se una persona inizia ad annuire troppo spesso o in modo esagerato, indica probabilmente che ha abbandonato la conversazione e non sta più ascoltando; succede spesso quando la persona vuole essere cortese, pur risultando piuttosto ovvio all'interlocutore. Un altro segnale di conferma è che la persona distoglie lo sguardo e inizia a guardarsi intorno o a guardare le persone e gli oggetti circostanti.

Alcune persone annuiscono ripetutamente mentre parlano: in questo caso, è consigliabile guardarli negli occhi per captare altri segnali del corpo. Infatti, o attribuiscono molta importanza a quello che stanno dicendo, o sanno che la loro argomentazione è debole, oppure hanno solo sviluppato un tic fastidioso.

Toccarsi il viso:

Le persone che si toccano o si strofinano il naso, mostrano il rifiuto verso un'idea o un dubbio su qualcosa che gli viene detto; può anche indicare una mancanza di fiducia. Spesso, alcune persone stringono la parte superiore del naso con le dita: questo significa che sono psicologicamente sfiniti, frustrati, scoraggiati, pensierosi o vogliono solo dare l'impressione di essere particolarmente riflessivi e intelligenti. Se è quest'ultimo caso, meglio dedicarsi a un'attività più concreta.Infine, chi si accarezza il mento o si appoggia la mano sulla guancia probabilmente manda gli stessi segnali che si mandano toccandosi la parte superiore del naso.

Gli occhi:

Quando pensiamo, di solito guardiamo verso l'alto. Esistono due possibilità: se si guarda a sinistra, verso la parte più creativa del cervello, significa che probabilmente si sta inventando una bugia; quando, invece, si guarda a destra, si sta usando la parte del cervello in cui vengono conservati i ricordi. Dunque, se chi guarda a sinistra sta presumibilmente elaborando una menzogna, chi guarda a destra sta, più probabilmente, richiamando alla memoria un fatto vero.

Durante una conversazione, se una persona inizia a guardare a destra e a sinistra, normalmente indica che non vuole che qualcuno senta quello che ha detto. Invece, quando una persona rivolge rapidamente lo sguardo altrove, dopo aver ascoltato un commento, è probabile che sia rimasta infastidita da tale osservazione; alla lunga, potrebbe iniziare a guardarsi intorno e ad abbandonare, almeno con la mente, la conversazione.

Considerazioni finali

Usare questo libro per comprendere le basi dell'interpretazione del linguaggio del corpo può aiutarci a migliorare nel modo di interagire con gli altri; osservare le sfumature più sottili può essere un'esperienza rivelatrice, se si applicano queste competenze. Che usiate queste informazioni per osservare degli estranei o per conoscere più a fondo le persone che fanno parte della vostra vita, in ogni caso potrete comprendere meglio le cause di molte reazioni umane.

Credo che l'elemento più interessante sia la quantità di segnali che noi umani emettiamo costantemente;mandiamo continuamente dei segnali a cui corrisponde, negli altri, un'interpretazione e una reazione. Potete usare queste informazioni per modificare il vostro linguaggio del corpo o, quantomeno, per acquisire una maggiore consapevolezza dell'immagine che gli altri percepiscono di voi.

www.ingramcontent.com/pod-product-compliance
Lightning Source LLC
Chambersburg PA
CBHW071905070526
44583CB00016B/1854